MINISTÈRE DE L'INSTRUCTION PUBLIQUE
ET DES BEAUX-ARTS

LA COLLABORATION

DANS LES ŒUVRES INTELLECTUELLES

PAR M. G. HARMAND

AVOCAT À LA COUR D'APPEL DE PARIS
MEMBRE DE LA SOCIÉTÉ DE LÉGISLATION COMPARÉE
SECRÉTAIRE DE L'ASSOCIATION LITTÉRAIRE ET ARTISTIQUE INTERNATIONALE
SECRÉTAIRE ADJOINT DE LA SECTION DES SCIENCES ÉCOMOMIQUES ET SOCIALES
AU CONGRÈS DES SOCIÉTÉS SAVANTES

Extrait du *Bulletin des sciences économiques et sociales du Comité
des travaux historiques et scientifiques*, année 1901

PARIS

IMPRIMERIE NATIONALE

MDCCCCI

LA COLLABORATION
DANS LES ŒUVRES INTELLECTUELLES

MINISTÈRE DE L'INSTRUCTION PUBLIQUE
ET DES BEAUX-ARTS

LA COLLABORATION

DANS LES ŒUVRES INTELLECTUELLES

PAR M. G. HARMAND

AVOCAT À LA COUR D'APPEL DE PARIS
MEMBRE DE LA SOCIÉTÉ DE LÉGISLATION COMPARÉE
SECRÉTAIRE DE L'ASSOCIATION LITTÉRAIRE ET ARTISTIQUE INTERNATIONALE
SECRÉTAIRE-ADJOINT DE LA SECTION DES SCIENCES ÉCOMOMIQUES ET SOCIALES
AU CONGRÈS DES SOCIÉTÉS SAVANTES

Extrait du *Bulletin des sciences économiques et sociales du Comité
des travaux historiques et scientifiques*, année 1901

PARIS

IMPRIMERIE NATIONALE

MDCCCCI

LA COLLABORATION

DANS LES ŒUVRES INTELLECTUELLES.

I. — Exposé.

La plupart des pays du globe ont fait, dans leur législation, une place
à la réglementation de l'association intellectuelle, c'est-à-dire la collaboration.

Notre législation française ne lui a point fait de place. Il faut reconnaitre
toutefois qu'à l'aide des principes généraux, notre jurisprudence sur la
collaboration est, sur bien des points, satisfaisante.

Cependant il est des cas où l'absence de législation ne saurait être sup-
pléée par la bonne volonté des magistrats. De plus la jurisprudence peut
varier, et les auteurs et leurs cessionnaires se trouveront, en cas de contesta-
tions, exposés à de réels dangers.

En entreprenant de dégager les principes de la jurisprudence et de
remonter à la source de ces principes, nous voudrions faire ressortir avant
tout combien, pour la collaboration, l'étude de la jurisprudence rendra
facile la codification dans une loi des principes posés par les juges : en même
temps notre étude démontrera l'utilité de l'intervention du législateur, car
il est toujours inutile de laisser à l'arbitrage du juge les raisons de sa détermination; il doit la puiser avant tout dans des textes de loi.

II. — Définition de la collaboration.

On peut définir la collaboration, une association intellectuelle; elle est la
mise en commun d'idées, d'inspirations, en vue de l'exécution d'une œuvre
littéraire, artistique, musicale ou dramatico-musicale.

Il faut, pour être collaborateur, apporter un travail effectif à la forme ou
au fond de l'œuvre[1]; car il n'est pas nécessaire que le travail produit soit
matériel : il peut suffire qu'il soit resté intellectuel, pourvu qu'il ait été
utilisé et ait en conséquence produit, dans l'œuvre achevée, un résultat
appréciable.

Comme exemples, nous ajouterons qu'on a reconnu la qualité de collaborateur : à celui qui, sans avoir, en fait, produit un acte ou une scène d'une
pièce de théâtre, avait indiqué un dénouement heureux, avec lequel la

---

[1] Baudin et Lesire (*Le Cabaret de Ramponeau*). Trib. Seine, 18 nov. 1868.
Pat. 69. p. 43.

pièce avait été représentée [1] : à celui qui avait remanié une pièce de théâtre déjà représentée, à l'effet de la rendre plus propre à un théâtre déterminé : à celui qui avait fourni l'idée d'un truc employé dans une féerie [2].

Il faut observer ici que, si la collaboration s'applique à tous les genres et à tous les ordres de travaux intellectuels, c'est pour la production des pièces de théâtre que le plus souvent ont eu lieu des collaborations, et que le plus souvent les magistrats ont été appelés à statuer sur des difficultés entre collaborateurs : ce qui explique ce fait, c'est que les auteurs trouvent, au théâtre, plus de facilité pour tirer parti de leurs œuvres ; en sorte que c'est principalement aux solutions de la jurisprudence, pour ce genre de collaboration, que nous serons obligés de nous reporter.

III. — La collaboration légale et la jurisprudence.

La collaboration légale, résultant du travail mis en commun, telle que nous la définissons, a pour effet d'unir des auteurs en vue de la production d'une œuvre sur laquelle le droit d'auteur s'exercera indivisément entre ceux-ci.

D'où plusieurs conséquences. La première est évidemment l'égalité des droits entre les coauteurs. Par égalité de droit, il faut entendre la nécessité de l'accord de consentement entre les collaborateurs pour l'exercice des droits accessoires du droit d'auteur : pour le droit de représentation s'il s'agit d'une œuvre dramatique ; d'édition pour les œuvres littéraires, artistiques ou dramatico-musicales ; de reproduction sous toutes les formes possibles et adéquates à l'œuvre envisagée : c'est, en conséquence, l'égalité absolue des droits quant à la détermination du moment opportun de production de l'œuvre devant le public, du choix et de la détermination de ses modes de publication.

Publication est pris ici dans un sens très général. Il est, en français, le mot le plus commode pour exprimer que l'œuvre est portée à la connaissance des contemporains des auteurs, alors que jusque-là elle était restée réservée à la connaissance seule des coauteurs [3].

Il est encore une autre conséquence de la collaboration, c'est que l'œuvre produite en commun est, sauf de très rares exceptions que nous nous efforcerons de déterminer, une œuvre indivisible, et que l'une des conséquences les plus naturelles du travail en commun est qu'il devient impossible,

[1] Michel Lévy et Lockroy (*La Conscience d'Alexandre Dumas*). C. Paris, 3 mars 1856. Pat. 56. p. 74.

[2] Raignard et Hugelmann, Boisat, Fafernot et Mlle Thys (*Cri-Cri-Féerie*). C. Paris, 28 janvier 1860. Pat. 59, p. 533, et 60. p. 66.

[3] Publication est pris ici dans un sens juridique naturel, plus étendu que celui qui lui a été donné dans l'acte de Paris de 1896 revisant la Convention de Berne de 1886 sur la Propriété littéraire et artistique.

lorsque l'œuvre est achevée, de dire quelle est la part de l'un ou de l'autre des collaborateurs dans l'œuvre.

Une des conséquences que doit prévoir le législateur, en réglementant la collaboration, est la durée des droits des collaborateurs: puisque, quant à présent, la plupart des législations (et la législation française est dans ce cas) prévoient pour la durée des droits d'auteur deux périodes : la première qui dure la vie de l'auteur, et la seconde un certain temps (en France cinquante ans) après la mort de l'auteur.

Comment au décès de l'un des collaborateurs s'appliquera la loi, c'est là un point qu'il importe de prévoir. Les collaborateurs survivants ne peuvent voir naturellement diminuer la durée de leurs droits du fait du prédécès de l'un des coauteurs. Il n'y a pas de question pour eux de ce chef.

Mais deux hypothèses peuvent se présenter. Les ayants droit ou les héritiers du collaborateur prédécédé vont jouir des droits d'auteur du prédécédé jusqu'à l'expiration de la période prévue par la loi. A l'expiration de cette période, les droits du collaborateur prédécédé vont, ou bien appartenir aux collaborateurs survivants, ou bien rester aux mains des ayants droit ou héritiers du collaborateur prédécédé jusqu'à ce que les droits des héritiers ou ayants droit des autres collaborateurs soient également arrivés à échéance, ou bien encore, les droits du collaborateur prédécédé tomberont au fur et à mesure dans le domaine public.

Nous indiquons ces solutions et nous ne les examinerons que tout à l'heure.

Une autre question à résoudre pour le législateur, c'est de déterminer s'il doit exister un mode de contrainte mis à la disposition du collaborateur qui considère que l'œuvre est achevée pour contraindre celui des collaborateurs qui se refuserait à autoriser la publication de l'œuvre. (Le mot est toujours ici pris dans le sens le plus général.)

C'est là une question où intervient particulièrement le droit moral de l'auteur, que nous avons examiné l'an passé.

La jurisprudence française, alors qu'elle donne avec bonheur des solutions relatives à la reproduction de l'œuvre, à la publication par tous les modes appropriés, enfin qu'elle a admis le principe de l'indivisibilité, a rencontré des difficultés graves dans la détermination des œuvres que l'on pouvait considérer comme indivisibles; mais elle ne peut, sans l'intervention du législateur, prendre aisément parti sur la durée des droits des héritiers ou ayants droit du collaborateur prédécédé.

Enfin, il est une sorte de collaboration pour laquelle l'intervention du législateur serait encore nécessaire : ce sont les œuvres produites par les membres des sociétés savantes, instituts, académies.

Ces œuvres sont évidemment la propriété des sociétés qui les publient. Comme celles de ces sociétés qui ont la personnalité morale sont en principe perpétuelles, les œuvres qu'elles produisent seraient donc perpétuellement leur propriété, alors qu'on ne saurait manquer d'être frappé de ce que la propriété littéraire ou artistique apparaît dans la loi de 1793 comme temporairement reconnue par le législateur au profit de l'auteur.

Sans doute on a déjà prorogé de trente à cinquante ans la durée des droits d'auteur après la mort de l'auteur (loi du 14 juillet 1866). Il est possible, il est même désirable de voir prolonger cette durée, mais il ne s'agit pas, pour les grands corps savants, d'un délai de protection qui suivrait la mort de l'auteur, et des augmentations dont cette protection est susceptible : il s'agit de la durée de la première période de la protection légale et du point de savoir si l'on peut admettre et soutenir que l'Académie, qui a donné la première édition du *Dictionnaire de l'Académie*, existe encore, de telle sorte que la seconde période de protection consentie par le législateur au profit des héritiers des auteurs, ne puisse jamais s'ouvrir.

Ce sont encore là des questions pour lesquelles la collaboration reconnue et déterminée par la jurisprudence ne peut se passer d'un texte du législateur, puisque ces points sont complètement en dehors du Code civil et des autres lois en vigueur.

IV. — DE LA COLLABORATION CONVENTIONNELLE.

Il est une collaboration dont nous ne parlerons qu'accessoirement. C'est, en dehors de la collaboration légalement établie et résultant de la définition que nous avons donnée, la collaboration qui résulterait de la convention des parties.

S'il est certain que la collaboration est le résultat d'un travail mis en commun, il est manifeste que, par convention, des collaborateurs pourraient reconnaître à une personne qui serait restée complètement étrangère à une œuvre produite, les droits et même le titre de collaborateur.

Mais si la convention fait, en ce cas, la loi des parties, ce n'est pas le résultat d'un fait, c'est seulement le résultat de la volonté des contractants, qui procure à ce tiers les droits et les bénéfices de la collaboration.

Ceci dit, nous n'aurons pas à nous expliquer sur la collaboration conventionnelle, puisqu'elle peut complètement échapper aux règles de la collaboration légale, dont nous avons défini le but et la source.

V. — DES CAS OÙ IL N'Y A PAS COLLABORATION.

Il peut arriver que, malgré un certain travail accompli, l'auteur de ce travail ne soit pas reconnu comme collaborateur.

C'est qu'en effet, il peut se faire que celui qui a travaillé n'ait pas produit dans l'œuvre des résultats appréciables au point de vue de l'œuvre en elle-même.

On ne saurait évidemment reconnaître la qualité de collaborateur à celui qui aurait corrigé les épreuves de l'édition, au traducteur dans une langue étrangère d'une œuvre produite en collaboration [1], ou encore aux différents agents qui peuvent produire un travail accessoire nécessaire à la publication de l'œuvre, comme le régisseur qui met en scène une pièce, le décorateur, si cette mise en scène ou la décoration ne sont que la mise en œuvre des indications des auteurs.

Au surplus, pour le traducteur notamment, il est évident d'une part que si son travail servait à la représentation de la pièce, il avait droit à une rémunération; de même si le travail, encore qu'inutilisé, avait été commandé, il devra être payé.

Mais ce qui nous intéresse seulement pour la collaboration, c'est de constater que le travail de traduction, par cela qu'il n'ajoute rien à la forme ou au fond d'une œuvre, ne donne droit ni au titre ni aux honoraires de collaborateur.

VI. — Des droits des collaborateurs.

Par suite de la production d'une œuvre résultant d'un travail ou d'une inspiration mise en commun, il faut admettre que les collaborateurs ont tous des droits égaux, tant pour les décisions à prendre quant à la *publication* de l'œuvre que pour le partage des émoluments produits par sa publication, ou encore sur la valeur de l'œuvre produite, manuscrit, partition, œuvre artistique.

Cette égalité peut, évidemment, être modifiée par la convention des parties, mais c'est à nouveau l'observation que nous ferons pour la dernière fois, nous ne nous occupons que des droits des collaborateurs, à défaut de convention préalable contraire.

Chacun des collaborateurs a cette égalité de droits non seulement lorsque l'œuvre est achevée, mais jusqu'à son complet achèvement; de sorte que, jusqu'à cet achèvement, tout collaborateur a droit de refuser toute publication si l'œuvre lui paraît encore imparfaite.

Mais un des collaborateurs est mal fondé à se refuser à la publication de l'œuvre lorsqu'elle a déjà été l'objet d'un commencement de publication ou qu'elle a été remise à un tiers pour une publication. Ainsi, si le manuscrit a été remis à un éditeur pour une œuvre littéraire, ou confié à un directeur de théâtre en vue de la représentation [2] pour une œuvre musicale ou dramatico-musicale.

Alors le collaborateur peut critiquer le mode de publication proposé, il ne peut se refuser absolument à toute publication.

[1] Wagner et Nuitter et Lindau et Roche (*Tanhæuser*). Trib. Seine, 6 mars 1861. Pat. 61. 94.

[2] Sauvage et Ambroise Thomas (*Gillotin et son père*, Op.-Com.). C. Paris, 21 février 1873. Pat. 73. 154.

C'est qu'en effet il serait absurde que deux auteurs se soient unis dans une pensée commune pour produire une œuvre qui ne devrait jamais voir le jour.

Y a-t-il des exceptions à l'égalité des droits de collaborateurs? Nous n'hésitons pas à répondre non. C'est qu'en effet, il n'existe pas d'art où, *a priori*, l'association doive fatalement demander à l'un des collaborateurs plus d'efforts, plus de mérite.

Chacun des collaborateurs doit donner son consentement à la publication, à l'exposition, à l'exécution, à la représentation de l'œuvre, suivant qu'elle est littéraire, artistique, musicale ou dramatico-musicale[1].

Nous verrons cependant, lorsque nous passerons en revue les législations actuellement en vigueur que quelques législations ont cru devoir donner une préférence à l'un des deux collaborateurs, notamment en matière dramatico-musicale et musicale, où le musicien peut donner son assentiment à une représentation sans consulter le librettiste[2].

Nous ne pouvons admettre que l'on donne à ce système la valeur d'un principe : les collaborateurs peuvent décider par convention, dans certains cas, que les honoraires se partageront inégalement, ainsi que les autres droits d'auteur : mais le législateur ne peut poser en principe l'infériorité du genre de travail d'un des collaborateurs.

Nous verrons dans un chapitre prochain comment peuvent se résoudre les difficultés relatives à la publication de l'œuvre.

VII. — Difficultés entre les collaborateurs.

En cas de difficultés entre les collaborateurs relativement à la *publication* de l'œuvre lorsqu'elle est achevée, c'est-à-dire lorsque les collaborateurs ont été d'accord pour faire une démarche qui constitue une tentative de publication de leur part, il n'y a pas de doute sur ce point que ce ne soit aux tribunaux qu'il appartienne de les départager. Chacun des collaborateurs fera valoir ses raisons : les tribunaux statueront.

Bien entendu, toutes les solutions que les collaborateurs pourront adopter à l'amiable sont licites et nous n'avons pas ici à les déterminer ou à les prévoir. C'est la liberté absolue des conventions.

Mais, en cas de difficultés sur la publication de l'œuvre, il nous paraît intéressant de signaler le système adopté par la loi belge de 1886. Dans son article 6, cette loi dispose que le collaborateur qui s'est refusé à la publication de l'œuvre peut demander au juge que son nom ne soit pas mentionné,

---

[1] De Corvin et de la Rounat (*Les Danicheff*). C. Paris, 7 mars 1884. Pat. 85. 50. — Vve Bayard et Héritiers Vanderburck et Rouquette (*Gamin de Paris*). Trib. civ. Seine, 19 mai 1866. Pat. 66. 302. — Milhaud et Comte (*Madame l'Archiduc*). C. Paris, 19 décembre 1878. Pat. 79. 82.

[2] Voir paragraphe XVI.

par le collaborateur qui veut la publication, soit sur la couverture du livre,
soit sur les affiches, les annonces ou toute autre publicité relative à l'édition
ou à la représentation.

Le collaborateur qui se refuse à la publication peut, en outre, demander
à ne participer ni aux pertes ni aux gains de la publication qu'il réprouve.
(Voir loi belge, 1886.)

Bien entendu, dans tous les cas de publication, aucune modification de
l'œuvre ne peut être faite qu'avec l'accord de tous les collaborateurs, aussi
bien par l'un d'eux que par le tiers chargé de la publication, éditeur, directeur de théâtre, etc. Cela est du droit moral et s'applique à la collaboration
comme aux autres modes de production intellectuelle[1].

VIII. — DE LA CESSION DES DROITS DE COLLABORATEUR.

Rien dans la collaboration ne s'oppose à ce que l'un des collaborateurs
cède tous ses droits à l'autre, mais cette cession est encore une convention
dont la loi peut, en principe, ne pas s'occuper. Toutefois, dans ce cas, il
a été jugé à bon droit que le collaborateur qui a ainsi cédé tous ses droits
sans réserves ne peut plus exiger dans l'avenir que son nom figure sur les
feuilles des titres des volumes, ou sur les affiches ou annonces destinées au
lancement de l'œuvre[2]. Il peut aussi ne céder qu'une partie de ses droits.

Mais en outre, un collaborateur peut-il céder ses droits à un tiers? Avant
que l'œuvre soit achevée, nous répondrons avec certitude non. Car peut-être
plus que tout autre contrat la convention de collaboration est faite *intuitu
personæ*. La jurisprudence décide que le contrat d'édition est en principe
incessible, les parties traitant en considération de l'habileté, de la notoriété
de l'écrivain, de la solvabilité, des connaissances techniques de l'éditeur. Il
nous semble que cela est d'autant plus vrai pour les collaborateurs.

IX. — LA DIVISIBILITÉ DE L'ŒUVRE PRODUITE EN COLLABORATION EST-ELLE POSSIBLE?

L'œuvre produite en collaboration étant le résultat d'un travail commun
où l'intelligence et le tempérament de chacun des collaborateurs s'est fondu
dans une œuvre unique, on peut affirmer qu'une telle œuvre est *indivisible;*
qu'il est, dès lors, impossible que chacun des collaborateurs demande à être
libre de disposer de la part de travail qu'il avait mise en commun. Mais il

---

[1] BAZIN et LEUVEN (*L'Ours et le Pacha*). Trib. comm. Seine, 9 mai 1870. Pat.
72. 99. V. *Bulletin des sciences économiques et sociales 1900* : G. HARMAND, *Le
droit moral de l'auteur*, p. 55.

[2] Alexandre DUMAS père et MAQUET. C. Paris, 14 nov. 1859. Pat. 59. 390.
Gabriel DE MIRECOURT c. MÉRY et Félicien DAVID (*La fin du monde*, appelée ensuite
Herculanum, opéra. Trib. civ. Seine, 10 juin 1859. — Pat. 59-268).

est évident, comme conséquence, que chacun des collaborateurs a le droit de comprendre dans la publication de ses œuvres complètes l'œuvre faite en collaboration, à la condition, bien entendu, d'indiquer les noms de ses collaborateurs.

A défaut de participation, pour les collaborateurs, aux frais de cette publication, l'auteur de la publication en conserve tous les émoluments.

Mais que doit-on décider pour les œuvres qui semblent aisément divisibles, comme un opéra, qui comprend une partition et son livret? Rien empêche-t-il l'auteur de la musique de faire entendre sa partition dans un concert, le librettiste de faire représenter son livret comme pièce de théâtre sans musique?

Pour répondre à cette question, il faut envisager les conditions dans lesquelles l'œuvre a été produite. Si le musicien et le librettiste ont travaillé ensemble, dans une inspiration commune, sur un plan étudié en commun, l'œuvre est indivisible et reste soumise à la règle déjà posée plus haut[1].

En vertu du même principe, on a décidé que, lorsque l'auteur d'un vaudeville indiquait dans son œuvre, après coup, des airs destinés aux couplets de sa pièce, il n'y avait pas collaboration entre l'auteur du vaudeville et le musicien auteur des airs; et que, dès lors, le vaudeville pouvait être représenté soit avec d'autres airs pour les couplets, soit sans musique; de même pour les morceaux d'ouverture intercalés dans un vaudeville[2].

Si chacun des collaborateurs a travaillé isolément ou si l'un des deux a apporté à l'autre un travail achevé et que la collaboration soit le résultat de la juxtaposition des deux travaux, la divisibilité s'ensuit; si, au contraire, le librettiste a fait des modifications pour permettre au compositeur de conserver tel air; si le musicien a modifié sa partition pour permettre au librettiste de conserver telle situation dramatique, l'œuvre est devenue indivisible. Le musicien ne peut laisser reproduire sa partition dans un concert sans faire connaître le nom de son collaborateur, sans partager avec lui les émoluments de l'audition musicale, et réciproquement.

Sans doute, il ne s'agit là que d'œuvres dramatiques, ou dramatico-musicales, mais par le même principe on résoudrait des cas où la collaboration aurait lieu entre auteurs et dessinateurs à propos d'illustrations, entre architectes et peintres ou sculpteurs à propos de décorations d'édifices ou de monuments.

Si, pour l'édification d'un monument, un sculpteur et un architecte ont collaboré, si le sculpteur a disposé son groupe de telle sorte qu'il complète

[1] Société des auteurs compositeurs et éditeurs de musique c. Ber, C. Paris, 20 nov. 1857; c. Struss et c. Dejean, C. Paris, 12 juillet 1855. Pat. 56-89.

[2] Société des auteurs c. Épron (*Les Jurons de Cadillac, Mari dans du coton*), C. Nancy, 13 avril 1861. Pat. 69-246. — Société des auteurs c. Billet (*Mari dans du coton, Cerisette en prison*. Cass. Ch. crim., 4 fév. 1881. Pat. 81-240).

une colonnade dessinée par l'architecte ; si l'architecte a disposé son socle de telle sorte qu'il fasse valoir l'œuvre du sculpteur, l'indivisibilité est le résultat de ce travail.

Si, au contraire, le sculpteur donne à l'architecte une statue achevée sur un plan ou des idées personnelles, ou si l'architecte remet au sculpteur un socle achevé dans des conditions identiques, il y a divisibilité.

Il faut toutefois réserver les conséquences du droit de celui qui a commandé le travail à l'autre ; si le sculpteur commande le socle, il y a travail commandé, l'auteur de ce travail peut n'être alors qu'un locateur d'ouvrage, sans les droits d'un collaborateur ni même ceux d'un auteur, c'est là une tout autre question du droit d'auteur.

Toutefois l'œuvre présentée au public et composée de deux parties accolées doit, même si les auteurs ne sont pas devenus collaborateurs absolus, être signée collectivement à moins que l'un des deux auteurs n'ait été que l'exécuteur des conceptions du premier, ce qui ramène, en ce cas, à la location d'ouvrage.

On peut, en somme, ajouter ce criterium, que si les œuvres juxtaposées sont simplement adhérentes, il n'y aura pas de collaboration, d'où divisibilité possible.

Si, au contraire, elles sont inhérentes, il y aura production d'une œuvre en collaboration, d'où indivisibilité.

L'indivisibilité est le principe de la collaboration ; la divisibilité est une question de fait, où en somme il n'y a que collaboration incomplète.

X. — De la collaboration incomplète.

En effet, un travail qui n'aboutirait pas à la production d'une œuvre commune, puisque dans l'hypothèse où nous venons de nous placer, chacun aurait travaillé séparément, ne peut provenir que d'une collaboration incomplète.

En ce cas, l'œuvre fût-elle achevée, chacun peut exploiter, tantôt en commun, tantôt isolément l'œuvre produite.

XI. — Des difficultés relatives à l'achèvement de l'œuvre.

Si l'œuvre reste inachevée du fait de l'un des collaborateurs, un délai peut être imparti à celui-ci pour achever son œuvre, soit sur sa demande soit encore sur celle de celui des collaborateurs qui, ayant achevé son œuvre, s'est adressé au juge pour contraindre son coauteur à achever son travail. En cas de refus de ce dernier, le juge pourra prononcer la division des œuvres, lorsque l'œuvre produite apparaît divisible ; chacun reprenant ses droits et sa liberté, sous réserve, bien entendu, du préjudice que peut éprouver celui des collaborateurs qui a achevé son œuvre.

Mais on ne peut autoriser celui des collaborateurs qui aurait achevé son travail, à faire achever le travail de l'autre par un tiers. Le droit moral s'y oppose, nous l'avons montré l'an dernier.

Si l'œuvre est indivisible, et qu'elle reste inachevée, celui des deux qui veut continuer l'œuvre faite en collaboration ne peut, en cas de refus de l'autre, que réclamer des dommages-intérêts et faire décider qu'il aura le droit d'utiliser le sujet pour la production d'une autre œuvre.

XII. — Des œuvres collectives.

Les principes que nous venons de poser nous conduisent à l'examen des œuvres dites *collectives*.

Pour ces œuvres, dictionnaires, revues, encyclopédies, les mêmes questions se posent et se trouvent déjà résolues : d'une part, pour le cas où le publicateur de l'encyclopédie, de la revue, donne à exécuter un travail commandé qui ne comporte qu'une location d'ouvrage ; d'autre part, pour le fait que les parties produites par chacun des coauteurs suivent un plan commun imposé dans ses détails, ou seulement dans ses grandes lignes, et constituent des œuvres juxtaposées.

Ce sont là des questions de fait qui peuvent être délicates à résoudre, qui ne sont pas particulières aux œuvres collectives, par suite de ce que nous avons dit plus haut.

Mais si l'initiative du coauteur prend la forme d'un travail personnel, il y aura collaboration. Si la divisibilité semble pouvoir se pratiquer là avec moins d'inconvénients, il n'en résulte pas moins que les principes de la collaboration se posent et s'appliquent de la même manière que plus haut.

Spécialement à l'occasion de ces œuvres, nous ajouterons que dans le cas où l'auteur n'aura touché que des honoraires de reproduction pour son travail, il est incontestable qu'il aura la faculté de reproduire à son tour les articles qu'il aura produits, à condition que la forme dans laquelle il les reproduira ne fasse pas concurrence à l'ouvrage original : il devra, en outre, indiquer la source à laquelle le lecteur peut se reporter.

Si au contraire il a touché le prix de son article, c'est-à-dire une somme correspondante à la cession de tous les droits de reproduction littéraire, il ne pourra qu'exercer la surveillance sur la bonne reproduction de son travail, que lui assure le droit moral. Il en sera de même pour les artistes qui coopéreraient à ces œuvres collectives.

Il suffit d'ajouter que si le travail présente un caractère absolu d'impersonnalité, il y aura d'autant moins de questions du genre de celles déjà examinées.

S'il y a collaboration, les auteurs peuvent en principe, si les articles ne sont pas signés, exiger l'indication de leurs noms sur la feuille de titre de la publication; et dans ce cas il n'y aurait guère d'intérêt à examiner la divisibilité possible du travail de chacun d'eux.

Mais nous allons voir en parlant de la durée de l'œuvre produite en collaboration qu'une question très intéressante se présente relativement à ces ouvrages, surtout lorsqu'ils sont édités au nom d'un grand corps constitué comme l'Académie ou l'Institut, et sans nom d'auteur, comme, par exemple, le *Dictionnaire de l'Académie.*

XIII. — DURÉE DE LA COLLABORATION.

Les œuvres produites en collaboration sont protégées pendant la vie des collaborateurs et pendant le délai légal stipulé par la loi, après leur mort. En France, ce délai, dans l'état actuel de la législation, est de cinquante ans.

Les collaborateurs, ayant achevé la production de l'œuvre, et celle-ci une fois publiée, restent unis pour toute la durée du droit d'auteur, pour la publication ou pour les corrections, s'il y en a, de l'œuvre ainsi que pour le partage des émoluments.

L'œuvre est indivisible, la collaboration indissoluble, sauf les cas de cession que nous avons déjà prévus, et sauf également les déterminations qu'un collaborateur peut prendre à l'égard de telle publication réprouvée par lui, ainsi que nous l'avons déjà dit.

Ainsi l'œuvre produite en collaboration une fois achevée, ne peut plus être divisée; seuls les émoluments produits par sa publication peuvent être partagés.

L'un des auteurs peut-il contraindre l'autre à céder sa part de droit, ou à liciter l'œuvre?

Non, le droit moral s'y oppose. Le collaborateur peut demander la publication de l'œuvre ; les collaborateurs, en cas de dissentiments sur la publication, peuvent demander au juge de l'autoriser sous telles conditions déjà analysées.

Nous ne croyons pas que le juge puisse ordonner la licitation de l'œuvre. Comment admettre qu'un auteur soit privé de sa propriété, qu'il doive subir qu'un autre en demeure propriétaire pendant sa vie? Le collaborateur qui désire publier peut obtenir cette satisfaction, l'autre collaborateur peut renoncer aux bénéfices de cette publication, cela doit suffire au but de leur collaboration.

C'est alors que se pose la question spéciale relative aux œuvres collectives.

Si l'œuvre, encyclopédie, dictionnaire, etc., ne porte qu'un nom d'auteur, c'est sur la vie de celui-ci qu'est réglée la durée de protection de l'œuvre.

De même, si l'œuvre paraît anonyme avec indication seulement du nom de l'éditeur qui la publie et si celui-ci en est par cession propriétaire, c'est sur lui que repose le droit d'auteur et sa durée.

Si au contraire l'œuvre porte le nom de plusieurs collaborateurs, l'œuvre durera, ainsi que nous l'avons dit plus haut, pendant la durée de la vie de tous les collaborateurs indiqués, et sa protection sera étendue pendant le délai légal à compter de la mort du dernier survivant des collaborateurs.

Mais si l'œuvre paraît, comme le *Dictionnaire de l'Académie,* sans nom d'auteur, et si elle est publiée par une association qui reste propriétaire de ses droits d'auteur, comme la société qui fait cette publication est une personne morale, dont la vie n'est pas soumise aux conditions de durée de la vie humaine, quelques législateurs ont disposé que pour ces sortes de publications, la durée de protection serait d'un délai qui s'étendrait à compter du jour de la première publication, soit de cinquante ans à compter du jour de cette publication (voir loi russe).

C'est là un système excellent qui peut être préconisé.

XIV. — Expiration du droit des collaborateurs prédécédés.

Mais une question fort intéressante se pose.

Il est bien entendu que les héritiers ou cessionnaires du collaborateur bénéficient de la part de droits et d'émoluments de leur auteur, le collaborateur prédécédé.

Mais que devient cette part à l'expiration du délai légal qui s'étend après la mort de l'auteur?

Que devient la part des collaborateurs décédés? — Le droit d'auteur, tout le monde est d'accord sur ce point, reste intact et intégral aux mains des collaborateurs survivants; mais les parts de profits de la publication de l'œuvre qui revenaient au collaborateur prédécédé vont-elles accroître aux survivants?

Dans la doctrine, plusieurs auteurs[1] sont d'avis, tout d'abord, que les héritiers du prédécédé conservent, au delà du délai de protection légale, et par suite de l'existence du droit qu'ils tirent de leur auteur, leur droit à leur part des émoluments provenant de la publication de l'œuvre.

Cela, nous l'avons dit au commencement, est contraire au principe de la protection accordée par la loi de 1793.

D'autres auteurs ont estimé que l'œuvre, notamment les opéras, tombaient pour partie dans le domaine public, du chef du collaborateur prédécédé[2].

M. le bâtonnier Pouillet, avec juste raison, a indiqué que les héritiers du prédécédé ne pouvaient prétendre à des émoluments, quand leurs droits sont légalement caducs[3].

---

[1] Gastambide, p. 174. — Nion, p. 173. — Blanc, p. 126. — Vaunois, p. 253
[2] Renouard, t. II, p. 220. — Sirey, 59-2-113 (voir la note).
[3] Pouillet, nᵒˢ 118 et 145.

Ceux-ci ont joui de leurs droits sur l'œuvre pendant la durée concédée, et il n'y a pas de raison de leur accorder plus. Mais il croit que les émoluments doivent être acquis au domaine public. En fait, comme le fait observer M. Vaunois, ce sont les éditeurs, les directeurs de théâtres, les publicateurs, qui profiteront de cette part et la conserveront pour eux. Le domaine public, en ce cas, se réduit à cela.

Mais, en se reportant aux principes, et à la définition que nous avons donnée de la collaboration, on constate tout de suite que le collaborateur survivant a sur l'œuvre indivisible, comme doit l'être et comme nous avons montré que l'était l'œuvre produite en collaboration, des droits absolus, qui ne diminuent pas par la mort de ses collaborateurs, et jamais personne n'a songé à proposer au survivant de prendre l'assentiment de toute personne qui voudrait, à l'expiration du délai légal de protection des héritiers des collaborateurs prédécédés, entreprendre d'éditer, reproduire, représenter, en un mot publier l'œuvre.

Le dernier collaborateur survivant conserve donc seul et intégralement, jusqu'à sa mort, les droits d'auteur sur l'œuvre, sous réserve seulement du *droit moral* des collaborateurs prédécédés, et après lui, ses héritiers seuls conserveront les mêmes droits.

Dès lors, puisque les droits du collaborateur survivant ne subissent aucune diminution de droits, du fait de l'expiration des droits de ses collaborateurs, pourquoi ses émoluments subiraient-ils un sort différent?

Il est facile de comprendre que si les émoluments sont partagés entre les collaborateurs, c'est en raison de leur association. C'est évidemment la raison du partage des émoluments entre les collaborateurs, et parfois même de l'attribution à l'un d'entre eux d'une part supérieure au partage par tête.

A l'expiration des droits de l'un d'eux, cette restriction cessant d'avoir une cause, la part des prédécédés ne peut qu'accroître au survivant.

Dans notre droit français, par suite du silence du législateur, ce système doit être le seul possible, la jurisprudence devrait donc statuer actuellement en ce sens.

Lorsque le législateur viendra à statuer sur la collaboration, que devra-t-il décider ?

Si l'on observe que, lorsque l'un des collaborateurs aura déjà disparu depuis cinquante ans, ses collaborateurs survivants seront bien âgés : que dès lors, à l'expiration du délai de protection pour l'un des collaborateurs, il y aura de grandes chances pour que ce soient les héritiers des collaborateurs qui lui auront survécu, qui seront alors eux-mêmes en possession des droits d'auteur sur l'œuvre, on en vient à penser que les héritiers de tous les collaborateurs ont à peu près des droits égaux à partager, pendant le temps restant à courir du délai de protection, qui n'aura commencé qu'à la mort du dernier survivant des collaborateurs, les émoluments résultant de la publication de l'œuvre ; le partage des droits restant toujours au pro-rata du nombre des collaborateurs auteurs de l'œuvre.

Il faut encore ajouter que le délai de protection légale tend à s'augmen-ter, qu'il est dans certains pays de quatre-vingts ans à compter de la mort de l'auteur, et que la propriété intellectuelle est perpétuelle au Mexique.

Dès lors, c'est autant de raisons pour que dans une loi nouvelle on puisse admettre que les droits comme les émoluments puissent continuer à appar-tenir aux héritiers des collaborateurs jusqu'à l'expiration du délai qui commence à courir seulement du jour de la mort du dernier survivant des collaborateurs.

Toutefois il serait juste, en tenant compte des observations déjà faites, de décider que les collaborateurs survivants auraient le bénéfice de l'accroisse-ment des émoluments à l'expiration du délai légal de protection des colla-borateurs prédécédés, et que seulement à leur mort il y aurait, par une sorte de droit de nue propriété, un retour au profit des héritiers des col-laborateurs prédécédés, lorsqu'ils ne seraient appelés à partager qu'avec les héritiers des collaborateurs morts les derniers.

D'ailleurs, une telle stipulation faite entre les collaborateurs dans les limites du délai légal de protection actuelle serait légitime et parerait aux inconvénients que présente pour les collaborateurs la lacune de notre légis-lation. Une telle stipulation serait non seulement prudente, mais légitime.

XV. — Conclusion.

Ainsi entendue, la collaboration nous semble avoir besoin, dans un délai rapproché, d'une réglementation : l'intérêt important que présente notam-ment la valeur des émoluments des collaborations théâtrales justifie cette urgence.

XVI. — Revue du droit international en matière de collaboration.

Si l'on parcourt les diverses législations du globe sur la propriété litté-raire et artistique, on trouve que vingt-trois États ont fait une place dans leurs lois à la collaboration, et sur ce nombre, seize ont promulgué leur loi de 1870 à 1890.

Voici la liste des pays dont la législation traite de la collaboration : l'Allemagne, l'Autriche, la Belgique, l'Espagne, la Grande-Bretagne, la Hongrie, l'Italie, la principauté de Monaco, la Norvège, les Pays-Bas, le Portugal, la Suisse, et en Russie, la Finlande. La Russie ne traite dans sa loi que des œuvres collectives éditées par les sociétés savantes (loi de 1886, art. 24 et suiv.).

Pour le reste du globe, ce sont : en Afrique, la république Sud-Africaine ;

en Amérique, la Bolivie, l'Équateur, le Guatémala, le Mexique et le Véné-
zuéla; en Asie, le Japon.

La plus grande partie des dispositions relatives à la collaboration que
nous avons mises en œuvre dans ce travail sont empruntées aux législations
en vigueur ; nous indiquerons seulement, pour limiter cette étude, quelques
dispositions contraires aux idées que nous préconisons, dans la législation
de certains pays.

Ainsi quelques législations, l'Allemagne (loi du 11 juin 1870, art. 51),
la Hongrie (loi du 26 avril 1884, art. 48), l'Italie (loi du 19 sept. 1882,
art. 6), ont admis dans les œuvres dramatico-musicales une exception au
principe de l'égalité des collaborateurs. Certaines législations ont admis la
prépondérance de l'auteur dont la part est la plus importante, d'autres ont
posé en principe la préférence du musicien sur le librettiste.

Ce sont là des dérogations fâcheuses, et que les faits peuvent démentir.
Il peut en effet arriver fort bien que le musicien soit inférieur à l'auteur du
livret au point de vue du talent. Il est vrai qu'en fait il arrive le plus souvent, de nos jours, que dans l'œuvre dramatico-musicale, le musicien a le
rôle prépondérant, surtout dans l'opéra, mais les formules peuvent chan-
ger au théâtre : de nouveaux genres de pièces peuvent surgir. Or la législation n'est pas destinée à la recherche des solutions actuelles ou à leur
constatation, mais à l'indication des principes vrais en tout temps. La
prépondérance de l'un des collaborateurs peut ne pas être facilement déter-
minable, et rien ne justifie la présomption de prépondérance en faveur du
musicien ou d'un des collaborateurs.

D'ailleurs, depuis dix ans, deux des pays qui avaient autrefois admis le
système de la prépondérance d'un des collaborateurs, l'Autriche (loi du
19 oct. 1846) et la Norvège (loi du 8 juin 1876), ont dans leurs législations nouvelles, la Norvège le 4 juillet 1893, l'Autriche le 23 décembre
1895, renoncé à ce système pour poser le principe de l'égalité des collaborateurs. C'est un symptôme qu'il importe de mettre en relief.

Sur l'exécution à faire ordonner par le juge, en cas de désaccord entre les
collaborateurs, nous avons signalé l'intérêt de l'article 6 de la loi belge de
1886. Nous signalerons ici les dispositions de la loi hongroise (loi du 26 avril
1884, art. 1er), de la loi italienne (loi du 19 septembre 1882, art. 5) qui
décident qu'une indemnité sera allouée au collaborateur récalcitrant, pré-
alablement à la publication dans la première législation, ultérieurement dans
la seconde, comme une sorte d'indemnité d'expropriation. Cette solution
ne nous plaît guère, nous préférons le système de la loi belge où le collaborateur contraint partage les bénéfices ou les pertes, s'il ne stipule pas son
refus d'y participer.

Quant à l'égalité du partage des émoluments, nous signalons la disposition de la loi mexicaine (nouveau Code civil de 1884, art. 1252), qui
autorise le juge à les fixer proportionnellement à l'importance de l'œuvre

de chaque collaborateur. Cela est aussi dangereux que possible, car une telle évaluation ne saurait être faite sans arbitraire, et en outre, comme elle est en contradiction avec cette fusion des productions qu'est le plus souvent l'œuvre faite en collaboration, cette disposition est plus dangereuse qu'utile.

Quant à l'accroissement des droits des collaborateurs prédécédés au profit du survivant, il est édicté par la Hongrie (loi du 26 avril 1884, art. 3), le Guatémala (décret du 29 octobre 1879, art. 13), le Portugal (Code civil du 1er juillet 1867, art. 581), la Bolivie (décret du 13 août 1879, art. 12), le Japon (ordonnance impériale du 28 décembre 1887, art. 10), la Norvège (loi du 4 juillet 1893, art. 11), et enfin par l'Autriche dans sa loi toute récente du 23 décembre 1895, art. 43. Cela nous semble un excellent argument en faveur de notre thèse.

Mais nous ajouterons tout de suite qu'aucune législation n'a, avec l'accroissement, mis en pratique le système que nous proposons du droit viager du collaborateur survivant et du droit de nue propriété faisant retour à son décès aux héritiers des collaborateurs prédécédés dans les limites du délai de protection légale qui courra du jour du décès du dernier collaborateur survivant.

Enfin nous devons signaler une disposition particulière du Mexique (Code civil de 1884, art. 1186), qui dispose que les émoluments du collaborateur décédé sans héritiers ni cessionnaires en matière d'œuvres dramatiques, sont versés à la caisse d'encouragement des théâtres. Parce que la propriété intellectuelle est perpétuelle au Mexique, cette disposition est fort intéressante, mais jusqu'à ce que nous ayons une telle législation, ce système constituerait une injustice pour les collaborateurs survivants en raison du court délai de protection dont jouissent nos auteurs.

Enfin pour les œuvres éditées par les sociétés savantes, la loi russe de 1886, la loi autrichienne de 1895, la loi mexicaine de 1884 stipulent que les sociétés jouissent d'un délai de protection qui court du jour de la publication et qui dure généralement autant que le délai *post mortem* des auteurs.